Hinter den Kulissen von Buxtehude Teil. 3

Trampelpfade

Erziehungsfähigkeit die Sinnens Täuschung einer Fähigkeit die wissenschaftlich nicht messbar ist vs. Biologisch angeborene elterliche Instinkte und gespeicherte Module.

von Katharina Creydt

Die Selbst und die Fehlerhafte Fremd Regulierung über die scheinbare Elterliche Erziehungsunfähigkeit die durch extreme negative Fremdeinwirkung zum Beispiel durch die Eltern Wegnahme Traumatisierung von Kindern auslöst.

Was dann nach folgt ist die Zerstörung bereits vorhandener entwickelter Synapsen bei Kindern.

Menschlich und moralisch absolut unverantwortlich.

Die Kindliche Hirnentwicklung.

Kinder, die im ersten Lebensphasen traumatisiert werden oder durch traumatisierte Eltern betreut wurden -Transposition- entwickeln eine Cortisol-Überproduktion, die zur Zerstörung bereits entwickelter Synapsen-Vernetzungen und zu einer Dysregulation neurobiologischer Regelkreise führen kann.

Der Rechtsstaat bei Traumatisierung von Kindern auf diesem Wege durch Elterlichen Wegnahme auf der Basis von Erziehungsfähigkeit sollte solche unberechtigten Menschenwidrige Eingriffe in das Grundrecht Strafrechtlich verfolgen. Denn damit machen Verfahrensbeteiligte nicht nur massenweise Geld, sondern durch die Fremdeinwirkung dritter, Kinder Krank.

Folgen: Probleme bei der Affektregulation.

Jungen: Dopamin-Mangel-Aggressionen nach außen.

Mädchen: Serotonin-Mangel-Aggression gegen sich selbst, Depressionen.

Was folgt dann nach. Stabilisierung oder Exposition, die nur bei ausreichend stabilisierter Affekt-Toleranz sinnvoll ist?

Gespräche über das dort und damals die sogenannte Trauma-

Exposition und das dann möglicherweise ein Leben lang?

Die Suche nach Auslösern für Aktivierung der Notfallreaktion?

Oder eine Diagnose oder neurophysiologische Reaktivität?

Trauma und Bindungsbezogene Anamnese?

Informationen über Symptomkonstellationen?

Gespräche über das hier und jetzt die dann dienen sollen zusammen mit Dissoziations-Stopps dem Gelingen des Alltags?

Also eine Trauma-sensible Pädagogik die Sicherheit vermittelt?

Und wieder geht es ab da nur darum der Stabilisierung Bildung eines äußeren sicheren Ortes, eines Sicheren Platzes des ertragen werden, sichere Bezugspersonen dem nach dem getragen werden.

Und wieder geht es am Ende nur darum auf Kosten der Gesundheit von Kindern weiterhin auf deren Rücken Geld zu verdienen.

Die Elterliche Kompetenzen müssen mehr Wertschätzung erlangen das zum Wohle eigener Kinder die ausschließlich durch die Fehlerhafte und inkompetente Eingriffe von außen, Krank gemacht werden damit sich einige auf dessen Rücken bereichern können.

Mit dem rechtlich zugesicherten Schutz der Kinder hat das nichts mehr zu tun.

Die Atmosphäre der früheren Lebensjahre, integriert sich, gewissermaßen mit der gesamten Struktur der menschlichen Psyche.

Das Kind übernimmt die Einstellungen der vorangegangenen Generation, die zum verbindlichen Indikator der Einstellung zu sich selbst werden.

Mit anderen Worten Sie, das Kind beginnt sich selbst zu behandeln, wie es behandelt wurde von Eltern.

Wenn Eltern nichts an ihnen bemerkten, sehen sie ihre Gleichgültigkeit gegenüber ihren Kindheitskindern nicht.

Dies wiederum dasselbe los.

Der Verlust von Kindheitsmerkmalen führt zu strukturellen Veränderungen einer Person, die erwachsen wird.

Die bestehende Situation erfordert eine spezifische

Organisation und Anpassung der Psyche an die Realität.

Üblicherweise geschieht dies durch die Aufteilung des Selbst in, in zwei Teile.

Was einem Kind Zerbrechliche, wehrlose, reale, einfache und wirksame Elemente sind, in denen es auf andere angewiesen ist, all das bricht immer mehr zusammen tief in die Persönlichkeit hinein, in ihren anfänglichen Kern.

Es setzt sich dort ab und geht weiter als Potenzial, als eine Reihe von Möglichkeiten, die übrig bleiben könnten erkannt, wenn das Kind Eltern hat, die dieses Potenzial erkennen können.

Darüber wird alles gemacht und so etwas wie ein Falsches Selbst, das eine weitere Existenz überhaupt möglich macht.

Das macht beispielweise Sie zu einem Mann, der es schafft, zu „pflanzen", anstatt zu leben.

Das Falsche Selbst ist die Summe der Mechanismen, die dem Verstand zur Verfügung stehen.

Das Überleben wird aktiviert, indem die Existenz des Kindes in einer Person, seine Gefühle, Bedürfnisse, Verletzlichkeit,

Authentizität und Wehrlosigkeit geleugnet werden.

Das falsche Selbst taucht auf und wächst in der Scham, mit der es sich selbst zu umgeben versucht.

Die Ära des selbsterschaffenen falschen Selbst kann sich ändern, wenn das Kind, das recht hat, so sein, wie es ist, ein Teil von Mama und ein Teil von Papa.

Und das wahre selbst nicht mehr versteckt werden muss.

Identifiziert sich das Kind mit dem Fehlerhaften, indem es Dinge sieht die durch dritte verursacht und inszeniert wurden, identifiziert es sich mit und wird sich selbst fremd.

Körperliche Fehden sind aufgrund des falschen Egos möglich, auch nach schwersten traumatischen Ereignissen und Kindheitserlebnissen.

Allerdings wenn die Elterliche Abwesenheit vollständig ist, treffen auf die meisten Fälle selbst Unterdrückung und Ereignisse die zu schwerwiegenden Identitätsverletzungen führen.

Das Kind wird gezwungen die ganze zeit sich an die aktuelle Situation anzupassen außerhalb von Rahmen der eigenen Persönlichkeit.

Das Ergebnis dieses Egos wird nach drei Regeln gebildet, aus denen es abgeleitet wurde, nichts sagen, nichts fühlen und niemanden vertrauen.

Das Herausreisen auf diese Weise der vermeintlichen Erziehungsunfähigkeit aus der Familie, kann auch andere Probleme verursachen ohne dass der Rest die Energie des Vaters und der Mutter verbraucht, wie zum Beispiel Schizophrenie oder eine ähnliche psychische Erkrankung.

An der Kreuzung der Widerspieglung. Das betroffene Kind ist von Natur aus ein Geschöpft das nicht von seinen biologischen Eltern isoliert aufwachsen kann, sofern diese Leben.

Seine eigenen Überlebensmöglichkeiten reichen aus und es wird nicht lange dauern und das Fehlerhafte erfolgte begrenzte Leben durch dritte wie den Eltern nicht mehr nah zu sein wird durch das eigene Potenzial des Lebens, Chancen und Eigenschaften nicht mehr akzeptiert und die Fähigkeiten mit dem das Kind ausgestattet ist schaffen wieder das Unbegrenzte, die sozusagen hinter dem Rücken es stärken.

Deshalb braucht ein Kind für seine Entwicklung „Spiegel"

seine Eltern, in denen es sich befindet, nur so kann es Möglichkeiten wahrnehmen und bewerten.

Andere Menschen werden zu diesen Spiegeln bei solchen Fehlerhaften instruierten Aktionen zu der vermeintlichen Erziehungsunfähigkeit oder der Fähigkeit.

Was dem Kind schadet.

Aber nichts ändert trotzdem daran das die größte Bedeutung diejenigen haben, die dem Kind nicht nur biologisch direkt nahe sind die in der frühsten Lebensphase dem Kind zur Verfügung stehen.

Demnach sind Sie also die „Spiegel", die das Kind für seine gute und gesunde Entwicklung braucht, das dürfte niemand auf diese Weise einem Kind nehmen und ja das sind meistens Vertreter der vorherigen Generation, nämlich Mutter und Vater, die die wichtigste Rolle spielen. Nicht eine inkonsistente Meinung durch jemanden der seine originäre aufgaben überschreitet.

Das Kind ist ein Teil von beiden Eltern, auf die das Kind einen natürlichen Anspruch hat, denn nur dadurch erfährt das Kind eben nur durch das „Spiegelbild", wer er ist.

Das ihm zu verwehren ist eine absichtliche Traumatisierung von Kindern.

Sollte also gelungen sein die Undurchdringliche Mauer zwischen zwei Generationen zu errichten, die echte Mauer, die verhindert, dass sich die jüngere Generation in den elterlichen Spiegeln spiegelt, wurde ein zerbrechlicher und zarter teil der Persönlichkeit zerstört und der, der stabilen psychischen Gesundheit.

Denn mit der Zeit wird die Mauer, die die Generationen trennt, Teil der Persönlichkeit des Kindes. Das Klima der frühen Lebensjahre integriert, sich, gewissermaßen mit der gesamten Struktur der menschlichen Psyche.

Das Kind übernimmt Einstellungen der vorangegangenen Generation, die zum obligatorischen Indikator der Einstellung zu sich selbst werden.

Mit anderen Worten Sie, das Kind fängt an, sich selbst zu behandeln, wie es früher war von Eltern.

Das Kind sucht die Authentizität.

Dank einer Lualü Sinnens Täuschung einer Fähigkeit die wissenschaftlich nicht messbar ist vs. biologisch angeborene

Instinkte und gespeicherte Module.

Folgend:

Stabilisierung durch bei unterregung durch nähe Reorientierung.

Erziehungsfähigkeit Feststellung, zu der niemand rechtlich gezwungen werden darf, durch wie es überall so schön heißt, mangelnde Gutachten die was jeder mittlerweile Weiß nach Absprache eines gewünschten Resultates zwischen einigen Verfahrensbeteiligten erfolgen, gehören abgeschafft, denn das ist die wahre Kindeswohlgefährdung.

Co-Abhängigkeit.

Umstritten ist es, ob die Co-Abhängigkeit als abhängige oder gemischte Persönlichkeitsstörung ICD-10: F60 eingestuft werden kann. Nicht jedes Co-abhängige Verhalten ist pathologisch.

Die Krise.

Die Krise selbst muss kein Eliminierungsfaktor sein.

Elternschaft und traumatische Erfahrungen nicht unbedingt zu einem Einfrieren des inneren Kindes führen.

Eine Krise oder ein Trauma verhindert Konfrontationen und Kreativität.

Um mit einem Problem fertig zu werden, wird die Situation entscheidend unterschiedlich.

Während der Entwicklung ist der Mensch in der Lage die Gesundheit zu erhalten was notwendig ist, um auch unter äußerst schwierigeren Bedingungen ein befriedendes reifes Dasein zu erreichen, daher ist es ein Missverständnis, jedes durch die Kindheit erschwerte Lebensversagen automatisch zu rechtfertigen.

Das Wichtigste in Bezug auf die Krise ist die Notwendigkeit, sie gründlich und gründlich zu durchlaufen und mit eigener

Persönlichkeit entsprechend umzugehen.

Was zu einer Ambivalenz führt.

Was bedeutet umgehen?

Das nur das zu einer Ambivalenz führt.

Ein Kind in einer Familie, die von Co-abhängigkeit betroffen ist, ist für das Kind ein Transfer in die Tiefe seiner herausbildeten Persönlichkeit.

Dazu kommt der Scham an sich.

Man kann sagen, dass Wut genauso dient, um die Persönlichkeit zu schützen, so gibt es Scham für den Schutz von Kindern.

Grenzen, an die wir uns im Leben halten sollten und an die wir uns nicht halten sollten überschritten werden sollen.

Es hält uns davon ab, Selbstgerechtigkeit, Stolz und Arroganz Luft zu mache.

Scham ist eine Mauer, die wir begegnen, wenn wir jemand Bedeutenderes und Größeres sein möchten, als wir wirklich sind.

Es erinnert uns an die Richtigen Einschränkungen, die für unsere Bedeutung angemessen sind.

Ein Mann, der diese Grenzen überschreitet, wird als

schamlos oder sogar unverschämt bezeichnet.

Mangel an Scham gilt in unserer Kultur als verwerflich und wird in der Öffentlichkeit nicht akzeptiert.

Scham erinnert uns an die Behinderungen der menschlichen Natur.

Über die Tatsache, dass wir uns das nur Gott vorbehaltene Recht auf Vollkommenheit nicht anmaßen können, und das tuen wir jedes Mal, wenn es uns scheint, als wären wir jemand mehr als ein Mensch voller Begrenzungen.

Indem wir unser Mangel an Demut zeigen, möchten wir uns

eine höhere, besondere Position verschaffen.

Auf Kosten anderer möchten wir größer sein als sie.

Eine Person, die sich schämt, versucht sich zu verstecken, indem sie entweder auf ihre Füße schaut oder sich mit der Hand bedeckt.

Nun. Das ist der Versuch, sich von anderen zu verstecken.

Natürlich das Gesicht.

Ein Gesicht, dessen Ausdruck verrät, dass es zu einem gewöhnlichen kleinen Mann gehört, der seine Grenzen überschritten hat.

Zwangskontrolle.

Das Wort wird so gerne in den Raum geworfen, ohne jeglicher Kenntnis darüber zu haben.

Ein weiteres wichtiges Thema im Zusammenhang mit den Problemen Interdependenz ist die Fähigkeit und das Bedürfnis zu Kontrollieren.

Es handelt sich um eine Anforderung, die durch Zwangsmerkmale gekennzeichnet ist.

Der, von außen, beherrschte Mensch, reagiert also hauptsächlich auf allerlei Dinge.

Die Quelle jedoch liegt ausschließlich in ihm selbst.

Kontrolle über eigene Gefühle und über andre ausüben, mit einem Wort, um das ganze Leben in Schach zu halten, gehört meines Erachtens nach, zum Erwachsen Leben und dem Erwachsen sein.

Wer das anders sieht, überlässt sein eigenes Schicksaal anderen.

Mein Leben gehört einzig und allein nur mir und nicht anderen Personen.

Also entscheide auch nur ich darüber und nicht andere.

Aber das ist etwas anderes als ein Kontrollzwang.

Die Abgabe der Kontrolle kann dann zu einer Vorladung führen der Emotionalen Nuance, die zu dem Zeitpunkt vorhanden ist, an dem die Person ist.

Zum Beispiel. Das Kind wurde Zeuge einer Szene, in der beispielweise der Vater bewaffnet war.

Rannte wie verrückt durch das Haus und ermordete die ganze Familie.

Kontrollverlust kann gleichbedeutend mit dem Gefühl einer tödlichen Bedrohung, mit einem, totalem Zusammenbruch.

Und die Entscheidung des Kindes über die Kontrolle der Umgebung zu übernehmen ist ab da geboren, d.h. sobald er es wahrnimmt, kann er sich auch nicht mehr auf niemanden verlassen.

Da er aus dem Nichts das zum Leben Notwendige, das Gefühl der Unschuld erwarten kann, muss er sich selbst darum kümmern, indem er diese Umgebung kontrolliert.

Was dieser Kontrolle entgleitet, wird automatisch bedrohlich und gefährlich.

Auslöser der Angst können unbewusste Emotionen, ein Mann, der den Eindruck erweckt, außergewöhnlich stark zu sein, oder eine Situation, die sich von selbst entzieht.

Der Umsatz der außer Kontrolle.

Eine Person die von dem Zwang, die Umwelt zu kontrollieren, überwältigt wird, ähnelt einer Person, die von einer schnellen Strömung geworfen wird, eine Walnussschale, die, anstatt aufzugeben und sich auf ruhiges Beobachten des Geschehens um sie herum zu konzentrieren, um jeden Preis versucht, diese Strömung einzudämmen.

Und wie von Anfang an, basierend auf führen Erfahrungen eine kategorische Schlussfolgerung kristallisierte sich in seiner Psyche heraus die

Last des Lebens ist zu gering, um mich zu tragen ich muss die Zügel in meinen Händen halten.

Menschen mit absolutem Drang, sich selbst zu Kontrollieren und alles um sich herum streben oft danach, hohe Entscheidungsebenen in der sozialen Hierarchie zu besetzen.

In der Regel handelt es sich um Hosenträger, die ihren Untergebenen durch die Einmischung viel Ärger bereiten.

Und keine Entscheidung, auch wenn es sich um die unwichtigste Handelt, kann ohne ihr Wissen getroffen werden.

Und Untergebene werden normalerweise von Personen ausgewählt, die viel schwächer sind als sie selbst, wodurch das Risiko einer Bedrohung ausgeschlossen wird.

Mit diesen Begriffen Kontrollzwang sollte also vorsichtig umgegangen werden.

Die Kontrolle über jemanden, der das ständige Bedürfnis der Nachteile verspürt, Nachteile im Leben, kann sich auf die gesamte Kraft äußern und wie dem Leben am Rande des Abgrunds.

Menschen, die Anzeichen von Vorbereitung zeigen von der Notwendigkeit, ihr leben vollständig zu kontrollieren, sollten Sie meiden.

Sie können in völlige Desorientierung geraten, die Sie schwach und wehrlos machen.

Was bleibt ist die Illusion die eigene Macht aufrechtzuerhalten.

Drogen als Ersatz menschlicher Entwicklungsprozesse.

Und somit auch der Zwang zu bestimmten Verhaltensweisen.

Was das inhärente Merkmal der Drogenabhängigkeit ist.

Hier geht es um den Verlust der Kontrolle.

Krankheit und Drogen.

Diese Person nimmt sich nicht die Zeit, seine eigenen Gefühle zu verstehen und damit in der Tat verschlimmert sich so seine Verwirrung.

Seine seltsamen Gründe werden ständig hinterher

erklärt vor sich selbst oder auch vor anderen.

Mit anderen Worten, er tut alles, damit seine Handlungen funktionieren, der Eindruck entsteht, dass das das Ergebnis einer gesunden Berechnung eines Mannes sind, der die volle Macht über sein Verhalten hat.

Eines der Elemente dieses Scheinspiels ist zu leugnen was viele Formen annehmen kann, sich aber meistens auf das Erfinden logischer, sachlicher Rechtfertigungen bezieht.

Streben aufgrund von der Überlastung über Arbeitsbelastung.

Ich habe eine schwierige Kindheit.

Ich habe eine anstrengende Frau.

Ich kann jederzeit aufhören und ich werde es auch tun, sobald ich, einen einfacheren Tag einen Job habe oder eine Ausbildung habe, mich scheiden lasse, meine Lebensumstände ändere.

Meine Kumpels sagen du bist eine Hexe, und ich ein unschuldiger Zeuge der Grausamkeit dem Schicksaal wie mein Leben verlief, ausreden über ausreden dabei ist die Antwort ganz einfach.

Sieh nur in den Spiegel und du wirst die Antworten sehen.

Orientierung, was wahr und was falsch ist.

Zunehmende Verleugnung führt mit der Zeit zu Niederlagen sich das Bild der Wirklichkeit vorzustellen, der der süchtige Mensch verliert, die Orientierung was wahr und falsch ist.

Die Realität wurde schließlich lange und erfolgreich manipuliert, dass sie als eine Lüge war, so wird sie völlig mit der Wahrheit verwechselt.

Und die Essenzielle Funktion der Mechanismus der

Verleugnung ist nicht weiter als eine Rechtfertigung.

Zum Schutz der Selbstwürde ohne Notwendigkeit einer Verhaltensänderung.

Es ist unmöglich an sich selbst zu denken und unter der Kontrolle der Sucht zu leben, ohne ihr zu widersprechen.

Beziehungen des Süchtigen zu seiner Umgebung wird davon verzehrt, so zu tun, als wäre alles normal.

Dies wiederum bewirkt die Vertiefung des gefühlten der der Einsamkeit.

Der Teufelskreis zieht sich langsam, aber effektiv zusammen und die Situation verschärft die Schwierigkeiten eines abhängigen Süchtigen.

Die Droge hat die Kraft den Zustand zu beeinflussen wobei Gefühle zu einer Illusion führen können, sodann das das Leben selbst einer ähnlichen Beeinflussung und Kontrolle unterlegt.

Süchtige sind einsame Menschen, die das Recht an sich reißen, die Macht über das Leben zu haben.

Es gibt massenweise Co-abhängigkeiten aber nicht alle davon sind tatsächlich für die Entwicklung gefährlich.

Denn irgendwie sind alle Menschen Co-abhängig.

Die Co-abhängigkeit und die Definition von Co-abhängigkeit.

Die Co-abhängigkeit, darunter versteht man ein suchtförderndes Verhalten der entsteht, wenn eine Person damit umgehen muss wenn etwas ungewollt und unbewusst stattfindet.

Das Verhalten hat gegenseitig einen aufeinanderlegenden Einfluss.

Der Co-abhängiges Verhalten ist psychoanalytisch gesehen eine Form der Abwehr eigener ängstigender Bedürfnisse und Gefühle.

Eine Emotionale Co-abhängigkeit führt ebenfalls zu Anhänglichkeit.

Darum ist es wichtig das wir in der Liebe und in der Erziehung der Kinder nicht nur Acht auf unsere Persönlichkeit geben, sondern diese auch vor Fehlerhaften Eingriffen von außen, schützen.

Wie das Grundrecht es uns zu sichert.

Druck:
CPI Druckdienstleistungen GmbH
im Auftrag der
Zeitfracht GmbH
Ein Unternehmen der Zeitfracht - Gruppe
Ferdinand-Jühlke-Str. 7
99095 Erfurt